AF324511

COUTUMES DE VERNON

AU XIIIe SIÈCLE.

(Extrait de la Bibliothèque de l'École des chartes, 4e série, vol. I.)

Paris. — Typographie de Firmin Didot frères, rue Jacob, 56.

COUTUMES DE VERNON

AU XIIe SIÈCLE.

Le texte que nous publions est tiré d'un rouleau de parchemin de 74 centimètres de long sur 22 centimètres de large. Ce rouleau, acheté en 1853, avec d'autres titres en parchemin qui allaient être détruits, est aujourd'hui conservé aux archives de l'Eure. Il a dû anciennement appartenir à l'hospice de Vernon, parce qu'à la suite des coutumes on trouve divers actes concernant des propriétés de l'hospice, transcrits à des époques plus modernes.

L'écriture de notre manuscrit est du quatorzième siècle, et le texte est probablement une traduction faite aussi au quatorzième siècle d'un texte latin du douzième [1].

Vernon n'a eu ni charte de commune, ni charte de priviléges ; mais, comme la plupart des villes normandes, elle jouissait au douzième siècle, sous le gouvernement des ducs de Normandie et de ses seigneurs particuliers, de priviléges assez étendus. Ces priviléges ne reposaient pas précisément sur des textes, mais sur des coutumes locales anciennes. L'une des clauses du traité de Louviers donna Vernon au roi de France [2]. Dès les premiers temps de sa prise de possession (1196), Philippe-Auguste fit constater par une enquête [3] les coutumes de la ville. C'en est la traduction qu'un heureux hasard a mise entre nos mains et que nous publions [4].

1. Nous avons des enquêtes particulières de Philippe-Auguste sur plusieurs points des coutumes de Vernon ; les articles correspondants du texte français en présentent habituellement une traduction assez exacte. Voy. p. 6, n. 1, p. 7, n. 2 et 3.

2. *Histoire civile et ecclésiastique du comté d'Évreux*, p. 169. On possède deux chartes concernant l'échange de Vernon pour d'autres domaines entre Philippe-Auguste et Richard de Vernon. Voy. le *Cartulaire normand*, publié par M. L. Delisle dans le t. XVI des *Mémoires de la Société des antiquaires de Normandie*, p. 9.

3. On pourrait conclure du préambule des coutumes qu'elles furent rédigées au moment même de l'échange ; mais les mots : « quant il fist l'escange » peuvent aussi s'entendre des premiers temps de la possession de Philippe-Auguste. Voy. p. 5, n. 3.

4. En 1222, vingt-six ans après cette enquête, qui est comme une rédaction des coutumes, Philippe-Auguste donnait à Gautier Havart des biens situés à Longueville pour les tenir « ad usus et *consuetudines* Normaniæ et *Vernonis*. » Voy. *Grands rôles de l'Echiquier*, édit. de M. Léchaudé d'Anisy, pag. 159.

1

Dans le manuscrit, les divers articles sont habituellement distingués par ces mots : « Et dient. » Nous avons suivi cette distinction, sauf quelques exceptions qui se justifient d'elles-mêmes ; et pour plus de commodité nous avons fait de chaque article un alinéa précédé d'un numéro d'ordre.

Il semble résulter de notre document qu'au douzième siècle, Vernon avait une administration municipale plus ou moins distincte des officiers du seigneur. En temps de paix les bourgeois veillent à la garde de la ville et règlent le service du guet. En temps de guerre, ce service est du ressort du bailli ; mais les amendes contre les délinquants reviennent aux bourgeois (art 2.) C'est encore à eux qu'il appartient d'établir des gardes pour les prés et les vignes, et de recevoir les amendes, sauf une exception (*ibid.*). Enfin ils fixent le prix du vin du seigneur, et celui-ci doit les prévenir huit jours avant la publication de son ban. Mais, quel était, pour l'accomplissement de ces actes et l'exercice de ces droits, le délégué, le représentant des bourgeois? Avaient-ils des réunions? Qui les convoquait, qui les présidait? Notre enquête est muette sur tous ces points. Nous y voyons bien un des bourgeois possédant la mairie par droit héréditaire (art 12) ; mais ce maire n'est pas le magistrat municipal qui apparaîtra plus tard. Ce n'est au fond qu'un collecteur de redevances et une espèce de sergent judiciaire d'une frappante analogie avec les maires des villages et des bourgs d'un pays voisin, le pays chartrain, auxquels il appartenait, d'après un texte cité par Du Cange : « facere adjornamenta, redditus, « census et deveria alia capituli perquirere, malefactores capere et ad « carceres capituli adducere, et alia expleta justitiæ facere » [1]. Le maire de Vernon au douzième siècle recueillait la coutume, au besoin menait aux fourches, crevait les yeux, coupait les oreilles et n'en avait pas moins sa place marquée à tous les festins de noces de ses concitoyens.

L'article Ier assujettit à l'obligation de payer la coutume l'étranger qui est venu se fixer à Vernon, tandis que le bourgeois originaire de la ville en est exempt, d'après l'article 6.

Les articles 2 et 3 concernent le service du guet, dont l'article 3 limite l'exemption aux clercs et aux chevaliers.

---

1. Voir Du Cange, au mot *major*. Voyez aussi un excellent article de notre savant maître, M. Guérard, dans le *Cartulaire de Saint-Père*, tom. I, p. LXXIV. On trouve la sergenterie du maire de Vernon mentionnée en 1301 dans une charte que nous donnons plus loin. Voy. p. 3, n. 2.

Les articles 2, 5, 8, 9, constatent l'usage sur quelques points concernant la justice et préviennent des abus. D'après l'article 2, les amendes à l'occasion du service du guet et de la garde des prés et vignes sont imposées par le bailli, et appartiennent tantôt au seigneur , tantôt aux bourgeois (art. 2). La peine de l'emprisonnement pour défaut de guet ne peut durer plus d'un jour et d'une nuit (*ibid.*). La valeur du gage-merci est réglée par l'article 5. Tant que la guerre dure, les plaids d'héritages sont suspendus, et celui qui possède demeure en possession (art. 8). Dans le cas de duel judiciaire, le duel a toujours lieu à la cour du seigneur de Vernon , lors même que le gage a été donné à la cour d'un autre seigneur. L'amende du méfait appartient alors à ce dernier seigneur, et celle du duel au seigneur de Vernon (art. 9).

La liberté personnelle est garantie par l'article 4. Aucun bourgeois fournissant caution ne peut être retenu en prison, excepté les cas de vol , d'assassinat ou de blessure avec effusion de sang. C'est un des points auxquels les populations du moyen âge paraissent avoir attaché le plus d'importance ; on le retrouve dans la plupart des chartes de commune ou de priviléges, et en particulier dans la charte de Henri II pour Rouen (1150), à laquelle souscrivit Guillaume de Vernon [1].

Les articles 5 et 7 nous font connaître une assez curieuse institution. Deux fois par an, le seigneur de Vernon publiait son ban pour la vente de ses vins ; pendant la durée de cette vente, qui était de quinze jours chaque fois, toutes les juridictions particulières étaient suspendues, et les procès étaient portés devant une juridiction spéciale appelée la bouteillerie. Ceux qui n'étaient pas terminés dans la quinzaine revenaient au jugement de la cour dans le ressort de laquelle ils se trouvaient. Enfin, devant la bouteillerie, la valeur du gage-merci était doublée. Cette institution paraît avoir duré assez longtemps, car, en 1301, plus d'un siècle après l'échange de Vernon, Philippe le Bel rachetait la sergenterie de la bouteillerie moyennant 100 livres tournois [2]. Ces deux articles et les articles 2 et 20 témoignent de l'importance qu'avait acquise la culture de la vigne à Vernon au douzième siècle.

---

1. Cheruel, *Hist. de Rouen*, t. I, p. 246. Richard de Vernon souscrivit à la charte de 1174. (Ibid., p. 248.)

2. « .... Pierre, dit le Moine, de Houdenc, clerc.... recognut... lui avoir vendu... à Phelippe.... roi de France... une serjanterie à Vernon, que l'en dit communement la Boutelerie, c'est assavoir un serjant du commencement de vendenges jusques à la feste Saint-Martin d'yver chascun an, et le tiers de toutes les amendes qui sont fętes à Vernon ou temps de boutelerie, en la serjanterie du maire de Vernon, lesquelles

Les articles 6 et 11 mentionnent plusieurs priviléges importants des bourgeois de Vernon, le droit de posséder une mesure pour le blé, l'exemption du droit de minage, l'exemption de toute espèce de coutumes et la libre importation des marchandises venues de France. Le droit de transit est réglé par la seconde partie de l'article 6, et on peut en conclure que le principal commerce extérieur de Vernon au douzième siècle consistait en vin, en blé et en meules de moulin. Ces meules étaient sans doute alors comme aujourd'hui fabriquées à Cocherel.

Il nous semble qu'on peut conclure de l'article 10 que les réparations du pont jeté sur la Seine n'étaient point faites par le seigneur de Vernon, mais probablement par le domaine ducal.

Les articles 13 et 14 concernent la maladrerie et les propriétaires des moulins sur la Seine.

Les articles 15 à 22 constatent les divers droits d'usage dans les forêts.

Enfin, l'article 23 a pour but, en interdisant la revente du poisson, du gibier, des volailles et des œufs, de permettre aux bourgeois d'obtenir ces denrées à meilleur marché.

Cette analyse suffit pour faire connaître la nature de notre document et les conséquences qu'on peut en tirer. Il ne nous reste plus qu'à donner le texte lui-même, en y ajoutant quelques notes qui nous ont paru utiles.

Ce sont les coustumes de la ville de Vernon et de la chastellerie, ainsi comme le roy Philippe les fist jurer quant il fist l'escange au seigneur de Vernon qui lors estoit seigneur, dont touz ceux jurèrent les coustumes que les chevaliers et les bourgois doivent avoir ou chastel de Vernon, Geraume du Boiz jura et Philippe de Blarru, Robert de la Porte et pluseurs autres proudes hommes de Vernon [1].

---

choses il avoit... en fiè du dit nostre seigneur le Roy....., pour le pris de cent livres de tournois... » (*Trésor des Chartes, Vernon*, n° 3, J 216.) M. L. Delisle avait déjà signalé l'existence de cette charte dans ses *Études sur la condition de la classe agricole, etc.*, pag. 465.

1. Philippe de Blaru se retrouve dans plusieurs enquêtes de Philippe-Auguste (voir *Cartulaire normand*, pag. 31, n° 200 et 201), et dans plusieurs actes de la même époque (*Ibid.*, n° 116, 328, 1065 et 1080.) Robert de la Porte rend compte à l'échiquier, en 1195, de la ferme de la vicomté de Fécamp pour l'abbé de Fécamp. (*Grands rôles de l'échiquier*, édit. de M. Léchaudé d'Anisy, p. 51, col. 2.)

Et dient premierement

I. Que homme estrange qui lieve meson à Vernon qui a entrée et yssue vers la voie, et a fait le gart [1] et les coustumes de la ville, se il vent ou achate aucune chose qui doie coustume, au sergent de qui la meson sont et les coustumes [2].

II. Et dient que ou temps de pez doivent par eulx establir guetes, et en temps de guerre les establissent par la veue du bailli de la ville. Et en temps de guerre, se aucun se deffaut de guet, les bourgeois prennent de lui III s. d'amende, et icelles amendes seront mises par la veue du bailli [3] ou prouffit de la ville. Et se aucun est perecheux de gueter, le seigneur le peut meitre en prison et y demourra, se le seigneur veult, un jour et une nuit. Et es vignes et es prez meitent les bourgois gardes par eulx, et les amendes des meffaiz, c'est assavoir III s. de l'amende, eulx seront mis ou prouffit de la ville. Et se aucun est prins par force par nuit es pres ou es vignes ou forfet, au seigneur est l'amende.

III. Et dient que nul n'est quitte en la ville du guet s'il n'est clerc ou chevalier.

IV. Et dient que homme de la chastellerie de Vernon ne doit estre mis en chartre ne en cep, ne pour plesge ne pour autre forfet, fors pour larcin ou pour mort d'omme ou pour mehaing dont il puisse donner plege raysonnable.

V. Et dient que la plaine loy doit le chevalier de gage mercy VII s., et le bourgois V s. et III septiers de vin, et en boutellerie X s.

VI. Et dient que nul prevost de Vernon ne doit prendre coustume à Longueville en l'eaue entre les saux du Trelle et en la ville en nul lieu. Se homme de Vernon amaine vin ou marchandise de France à Vernon, il ne doit nulle coustume et puet descarcher sanz le congié du prevost. Et se il trespasse oultre, il doit de chascun tonnel VI d., soit grant ou petit. Et se il maine meulles oultre, il doit de chascun tour I denier. Et se il maine blé oultre, du batel du fust II d., et de la nef IIII d.

---

1. Peut-être pour *le guet*.

2. La fin de cet article paraît être altérée.

3. On remarquera que le bailli est désigné dans cet article et dans les articles 19 et 22, tandis qu'on parle du prévôt dans les articles 6, 10 et 12. On doit en conclure, si nous ne nous trompons, que les coutumes ont été rédigées lorsque le prévôt royal venait de remplacer le bailli seigneurial, et on s'y sert indifféremment de l'une ou l'autre appellation.

VII. Et se le seigneur de Vernon a ses vins à vendre, il fera en l'an deus foiz son ban par deus quinzaines sanz feste annel, et huit jourz devant le doit faire assavoir aus bourgois, et par la veue des bourgois sera mis le pris du vin selon les ventes des autres par la ville. De tant comme boutellerie durra, ne chevalier ne autre n'ara court à plaidier. Et le plet qui sera commencié devant boutellerie, se il n'est finé en boutellerie, repairera à la court dont il yssi. Et plaide l'en en boutellerie d'eritage par quinzaines.

VIII. Et dient que tant come guerre durra entre roys sanz treves, nulz hons ne plaidera d'eritage, maiz qui tient si tiengne jusques à tant que paiz ou treves soient.

IX. Et dient que se bataille est gagiee en court à chevalier ou à aucun aultre qui ait court à plaidier, la bataille est tenue en la court au seigneur de la ville, et aura le seigneur l'amende du meffet, et celui en quel court la bataille fu gagiee aura l'amende de la bataille [1].

X. Et dient que le prevost de la ville doit refaire touz les ponts et les portes de la ville, fortz que le grant pont dessus Saine, et soient comptez à celui en la court du seignéur.

XI. Et dient que clerc, chevalier et bourgois et hommes de Gamilli et de Chanteraine et de Vernoniel et de la rue de Normandie de Blarru doivent avoir mesures à blé mesurer ne ne doivent pas minage.

XII. Et icelui qui est mere d'eritage doit estre en la ville au marchié au samedi pour la coustume cuillir, et mengera avec le prevost, ou le prevost lui dourra II d., et aura celui une bavée de sel à prendre à une seule main. Et se mauffeteur est amené au prevost par la main d'icelui, le prevost a les II parties de l'amende, et lui la tierce. Et garde le cry [2] et les larrons dampnables. Et quant le larron est prins, le mere a toutes les vesteures ; et quant il est dampnez par jugement, il le doit mener aus fourches ou crever les yex ou couper l'oreille ou aucun autre membre. Et se aucun fet nueces, il y puet menger, se il y veult aler ; maiz le

---

1. Voici le texte latin de l'enquête de Philippe-Auguste sur le même sujet : « Mili-
« tes vero et illi qui tenent libere de domino Vernonis vel de paribus habent suum
« placitum, donec sua curia fuerit abjurata, et duellum adjudicandum in sua curia, et
« quando duellum adjudicatum fuerit et armatum, ille ducit illud in curiam domini
« Vernonis, et ille in cujus curia duellum vadiatur habet emendam de duello. Si vero
« melleia vel malefactum vel maledictum affuerit, emende sunt domini Vernonis. »
(*Cartul. normand*, n° 201, p. 31.)

2. Le ms. porte *cry* ; mais il convient peut-être d'y substituer le mot *cep*.

forestier si ne puet estre à nueces, si envoie son message, il aura
un pain, une piece de char et une juiste de vin.

XIII. Les malades de Saint Ladre auront toutes sepmaines et
(*sic*) IIII d. de pain et III s. de cens chascun an [1].

XIV. Et les monniers de l'eaue doivent amener tout le merrien à l'euvre au seigneur, et le seigneur leur amenistrera nefs et
cordes et feront le palis. Et pour cest service les monniers sont
quittes de fossé, d'ost et de chevaucie forz par eaue.

XV. Et dient que chevaliers ont leur herbegage sanz escende,
et pasnage à leurs pors et à leurs vavasseurs quittement, et ont
en tout le boiz buche à leur ardoir sanz arbre desmembrer forz
en Mortaigne, ne le forestier ne doit prendre le cheval au chevalier s'il ne treuve le sergent sur forfet, ou en lieu dont il puisse
monstrer le forfet. Et pour ceste coustume doivent les chevaliers
chascun à la feste saint Martin demi septier de vin, un pain, et
une piece de char à Nouel [2].

XVI. Et dient que bourgois ont leur hebergage forz late et
branche et escende par le bail au sergent, et ont le mort boiz à
ardoir et les branches et les cymiex aprez ce que le corps du
fust est ostez ; et ne puet leur cheval estre prins fors que sur le
meffet, aussi comme aus chevaliers. Et pour ceste coustume
doivent à Noel I pain ou I d. ; et chascune sepmaine ceulx qui ont
cheval ou boiz doivent à la court une somme de buche par la
main au forestier, et eu III festes anniex, se le seigneur tient
court, doivent ensement une somme [3].

1. En 1195, Philippe-Auguste donnait le moulin de Quinquempois à Eude de Be-
thisi, son chapelain, à la condition de délivrer chaque année « Leprosis Vernonis unum
modium bladi, et Ricardo Cuisant aliud modium bladi ; et nos ex illis modiis erimus
quieti. » (*Cartul. norm.*, pag. 278, n° 1059.) Voy. sur cette maison de Saint-Lazare,
ibid., p. 173, n° 764, note 2.

2. Voici le texte latin de l'enquête de Philippe-Auguste sur le même sujet. « Milites
« debent habere summarium suum in nemore ad mortuum nemus et ad arbores ver-
« sas sine *chaable* et ad branchias volatiles sine magistro furco et sine fusto demem-
« brato et les *cimex* postquam ligni corpus inde sublatum est et carpentarius eum
« dereliquerit, et forestarius non debet capere equos alicujus militis nisi famulum ejus
« invenerit ad forisfactum vel in loco ubi possit ei forisfactum ostendere. Et habent
« hanc consuetudinem extra Moritaniam et extra Brolium, ubi nullus habet consuetu-
« dinem. Et habent pasnagium porcorum suorum quietum et habent herbagium (*sic,*
« *l.* herbergagium) suum proprium de castello in nemore sine ersenlla per tradicio-
« nem ballivi et forestarii. Pro hac consuetudine debent milites unusquisque dimi-
« dium sextarium vini ad festum sancti Martini et unum panem et unum frustum
« carnis ad Natale. » (*Cartul. norm.*, n° 200, p. 30.)

3. Voici encore le texte latin : « Burgenses habent in castello herbergagium suum

XVII. Et dient que chevalier puet venir ou boiz de Gamilli sanz acheson.

XVIII. Et dient que homme de Veulguessin ou de la Rivière du fié de Vernon ont le mort boiz pour leur ardoir et à cuire leur pain, et merrien à charette une foiz en l'an, et esseulx à charette et charetiex en aoust. Et pour ce amainent il le merrien à faire le pont et à fermer le chastel. Et ont l'equarriers de leur herbegage par le bail au forestier ; et qui a l'esquarrie il doit IIII d. au forestier. Et ont pastures à leurs bestes ou boiz sans chievre. Et doivent avoir closture à leurs blez sur voie et à leur courtis où il croist herbe que l'en mengue. Et ceulx qui ont ceste coutume doivent II foiz l'an leurs charues au seigneur pour ses terres aroir, et doivent donner III gerbes en aoust et un pain à Noel et II oefs à Pasques. Et ceulx qui cueillent fruict horz du Brueil et de Mortaigne doivent au seigneur une geline.

XIX. Et dient que ceulx de Gamilli ont acoustumeement ou boiz de Gamilli le mort boiz et le cimel, quel qu'il soit, puis que le charpentier s'en part. A iceste coustume partent les hommes du chastel et nul autre : Baudin le Saunier et les hers Godefroy de Bisi, Raul Chauvin, Hardouin de la Garenne, Guillaume de la Porte, Pierre le fils Richard le fils Almaury, la meson Raul Cornille, la meson Raul le Roux, la meson Eude le filz Andrieu,

sine baucha et lata et escenla per tradicionem forestarii, et pergunt ad mortuum nemus et ad residuum materiei quod ibi operatur, et non possunt capi sunmarii sui plusquam militum, nisi forestarius eos invenerit ad forisfactum ; et pro hac consuetudine debent ad Natale Domini unum panem vel unum denarium ; et unaquaque septimana illi qui habent equos in nemore debent (*suppl.* afferre) ad curiam unam sunmam ligni per manum forestarii, et in tribus festis annualibus, si dominus curiam teneat, debent similiter unusquisque unam sunmam ligni ; et sunmarii novem furnorum habent eandem consuetudinem quam milites. » (*Cartul. norm.*, p. 30, n° 200.)

Voici maintenant l'article des habitants de Vernon dans le *Coutumier des forêts*, rédigé par Hector de Chartres, au commencement du quinzième siècle, et conservé aux archives de la Seine-Inférieure : « Les habitants de Vernon ont droit de prendre en la forest de Vernon en lieu dit ou Chastellet, bois mort pour ardoir et toutes branchez et cimeux depuis que le corps de l'arbre sont osté ; ont aussi usage à prendre bois pour leur habergement, excepté bauche, essanle ou late, par la baillée du sergent de la forest de Vernon, et ne puent estre pris leurs chevaulx, se ce n'est à forfaiture, comme les chevaulx des chevaliers. Et pour ceste coustume doient iceulx habitans à la Nativité notre Seigneur, ung pain ou ung denier. Et ceulx qui ont chevaulx doient à la court du seigneur, par chascune sepmaine, par la main du forestier, une somme de bois. Et se le seigneur de Vernon tient court aux trois festes annaulx, à chascune feste, une somme de bois. Et font en icelle ville de Vernon nuef fours de droit hérédital, pour lesquelz ilz ont usage comme les chevaliers en la dicte forest.

la mesou as Vaniers, Heudouin le Borgne, le fils Noel, Guillaume Lenglois, les moignes de Cernay, Guillaume de Poissi, la mason des Barriez. Et le prieur du Bec, quant il queudra ces cens, aura busche à ardoir par la veue au bailli. Et les pors aux vavasseurs sont quittes du pasnage. Et pour ceste coustume avoir font cil de Gamilli cest service : il vont prendre les namps en fieu de Vernon avec le sergent de la ville , et se le seigneur de la ville fait merrien à l'euvre de sa meson ou de ses estaus, les hommes de Gamilli le carcheront, et s'il ont chareste suffisans à porter le, il doivent estre appareillie du service, ou si non le sire le fera amener du sien propre. Et se le seigneur are ses coustures, les chevaux de Gamilli seront prins et hercheront I jour, et li hercheur auront chascun I pain de livreson et II harens ou II oefs. Et quant les prez au seigneur seront cueillis, les chevaux de Gamilli doivent amener le fain. Et doivent tous les coustumers I pain à Noel et I d.; et qui a charette, I pain, II d. et demi septier de vin en vendenge ; et les vavasseurs doivent à la feste saint Martin une piece de char et une fouace et une juste de vin. Et Guillaume de la Porte doit une piece de char, et le gaignieur II jarbes en aoust et III oefs à Pasques.

XX. Et dient que les hommes de Longueville ont le boiz de Longueville pour leur user ; maiz ils ne doivent pas essarter ; mez se il y font blé, il est leur, mez amendent au roy et repaire le gaignage au boiz. Et pour ceste coutume et pour autres doivent il au seigneur cent muis de vin par an et XXIII costes de fruit de tel manere : de permains [1], de coings, de poires, de pesches, de raysins ou de sacun ostel II d. Se le seigneur veult, en quelque lieu que le seigneur vouldra en sa terre, les hommes de Longueville merront le fruit à leur cous. Et il puet mener leurs chevaux et leur marchandise par la croiz Bardel sanz coustume.

XXI. Et après ce, les jurez dient que les boiz du mont de Tilli est commun à prendre as hommes de Vernon, en quelque manere qu'il vouldront, qer il le desrenierent par betaille envers les hommes aux Crespinois [2] et les hers de Crouy.

---

1. Voyez, sur les pommes de Permaine, un texte de 1211 publié par M. L. Delisle dans ses *Études sur la condition de la classe agricole*, pag. 500. On cultive encore aujourd'hui cette espèce de pomme dans les îles de la Manche.

2. Les hommes aux Crespinois sont sans doute les hommes du fiet de la Bucaille,

XXII. Et dient les jurez que les hommes de Longueville qui sont de III paroisses, quant il vont voir les estrepeures du bois de Longueville, ont un mui de vin par la main du bailli par qui mandement il y voit (*lisez* vont), pour ce que y jurent et enseignent les estrepeures du boiz.

XXIII. Après, les jurés dient que nulz hons ne puet acheter en la ville de Vernou poissons ne char sauvage ne poucins ne gelines ne oefs ne chappons à revendre. Ne nul ne puet vendre poisson qui dehors soit apporté forz celui à qui le poisson est. Et après le jour qu'il est apporté, quiconque veult le puet acheter, maiz il ne puet vendre que celui qui devant le vendoit.

paroisse de Guiseniers, pour lequel Guillaume Crespin rendit aveu en 1256 à Eude Rigand. V. *Regestrum visitationum*..., publié par M. Th. Bonnin, p. 244.

P. F. LEBEURIER.